Antonio
VIVALDI

CREDO IN E MINOR
RV 591

Edited by
Richard W. Sargeant, Jr.

Vocal Score
Klavierauszug

SERENISSIMA MUSIC, INC.

CONTENTS

ORCHESTRA

Bassoon (opt.), Keyboard
Violin I, Violin II, Viola, Violoncello, Double Bass

CREDO
RV 591
1. Credo

Antonio Vivaldi
Edition and piano reduction by Richard W. Sargeant, Jr.

41373

Cre - do, cre - do, cre - do in u - num
Cre - do, cre - do, cre - do in u - num
Cre - do, cre - do, cre - do in u - num
Cre - do, cre - do, cre - do in u - num

De - um, cre - do in u - num De - um, Pa - trem o - mni - pot -
De - um, cre - do in u - num De - um, Pa - trem o - mni - pot -
De - um, cre - do in u - num De - um, Pa - trem o - mni - pot -
De - um, cre - do in u - num De - um, Pa - trem o - mni - pot -

en - tem, Pa - trem o - mni-pot - en - tem, fa - cto - rem
en - tem, Pa - trem o - mni-pot - en - tem, fa - cto - rem
en - tem, Pa - trem o - mni-pot - en - tem, fa - cto - rem
en - tem, Pa - trem o - mni-pot - en - tem, fa - cto - rem

cæ - li, fa - cto - rem cæ - li, fa - cto - rem
cæ - li, fa - cto - rem cæ - li, fa - cto - rem
cæ - li, fa - cto - rem cæ - li, fa - cto - rem
cæ - li, fa - cto - rem cæ - li, fa - cto - rem

25
S.
cæ - li et ter - ræ, vi - si - bi - li - um
A.
cæ - li et ter - ræ, vi - si - bi - li - um
T.
cæ - li et ter - ræ, vi - si - bi - li - um
B.
cæ - li et ter - ræ, vi - si - bi - li - um
25
Pno.
29
S.
o - mni-um et in - vi - - si - bi - li -
A.
o - mni-um et in - vi - - si - bi - li -
T.
o - mni-um et in - vi - - si - bi - li -
B.
o - mni-um et in - vi - - si - bi - li -
29
Pno.

33
S.
A.
T.
B.
um. Et in u - num Do - mi-num
Pno.

37
S.
A.
T.
B.
Je - sum Chri - stum, Fi - li - um
Pno.

8

De - i, Fi - li - um De - i u - ni -

De - i, Fi - li - um De - i u - ni -

De - i, Fi - li - um De - i u - ni -

De - i, Fi - li - um De - i u - ni -

- ge - ni - tum. Et ex Pa - tre na - tum,

- ge - ni - tum. Et ex Pa - tre na - tum,

- ge - ni - tum. Et ex Pa - tre na - tum,

- ge - ni - tum. Et ex Pa - tre na - tum,

49
S.
A.
T.
B.
an - te o - mni - a sæ - cu - la.
an - te o - mni - a sæ - cu - la.
an - te o - mni - a sæ - cu - la.
an - te o - mni - a sæ - cu - la.
49
Pno.

53
S.
A.
T.
B.
De - um de De - o, lu - men de lu - mi - ne
De - um de De - o, lu - men de lu - mi - ne
De - um de De - o, lu - men de lu - mi - ne
De - um de De - o, lu - men de lu - mi - ne
53
Pno.

57
S.
De - um ve - rum de De - o ve - -
A.
De - um ve - rum de De - o ve - -
T.
De - um ve - rum de De - o ve - -
B.
De - um ve - rum de De - o ve - -
57
Pno.
61
S.
ro. Ge - ni-tum non fa - - ctum,
A.
ro. Ge - ni-tum non fa - - ctum,
T.
ro. Ge - ni-tum non fa - - ctum,
B.
ro. Ge - ni-tum non fa - - ctum,
61
Pno.

65
S.
A.
T.
B.
con - sub - stan - ti - a - lem Pa -
Pno.
69
tri, per quem o - mni - a, per quem

73
S.
o - mni - a fa - cta sunt, per quem o - mni - a
A.
o - mni - a fa - cta sunt, per quem o - mni - a
T.
o - mni - a fa - cta sunt, per quem o - mni - a
B.
o - mni - a fa - cta sunt, per quem o - mni - a
73
Pno.

77
S.
fa - cta sunt. Qui pro - pter nos
A.
fa - cta sunt. Qui pro - pter nos
T.
fa - cta sunt. Qui pro - pter nos
B.
fa - cta sunt. Qui pro - pter nos
77
Pno.

ho - mi- nes, et pro - pter no - stram sa - lu - tem de -

scen - dit, de - scen - dit de cæ - lis, de -

S. scen - dit, de - scen - dit de cæ - - lis.

A. de - scen - dit de cæ - - - lis.

T. de - scen - dit de cæ - - - lis.

B. de - scen - dit de cæ - - - lis.

2. Et incarnatus est

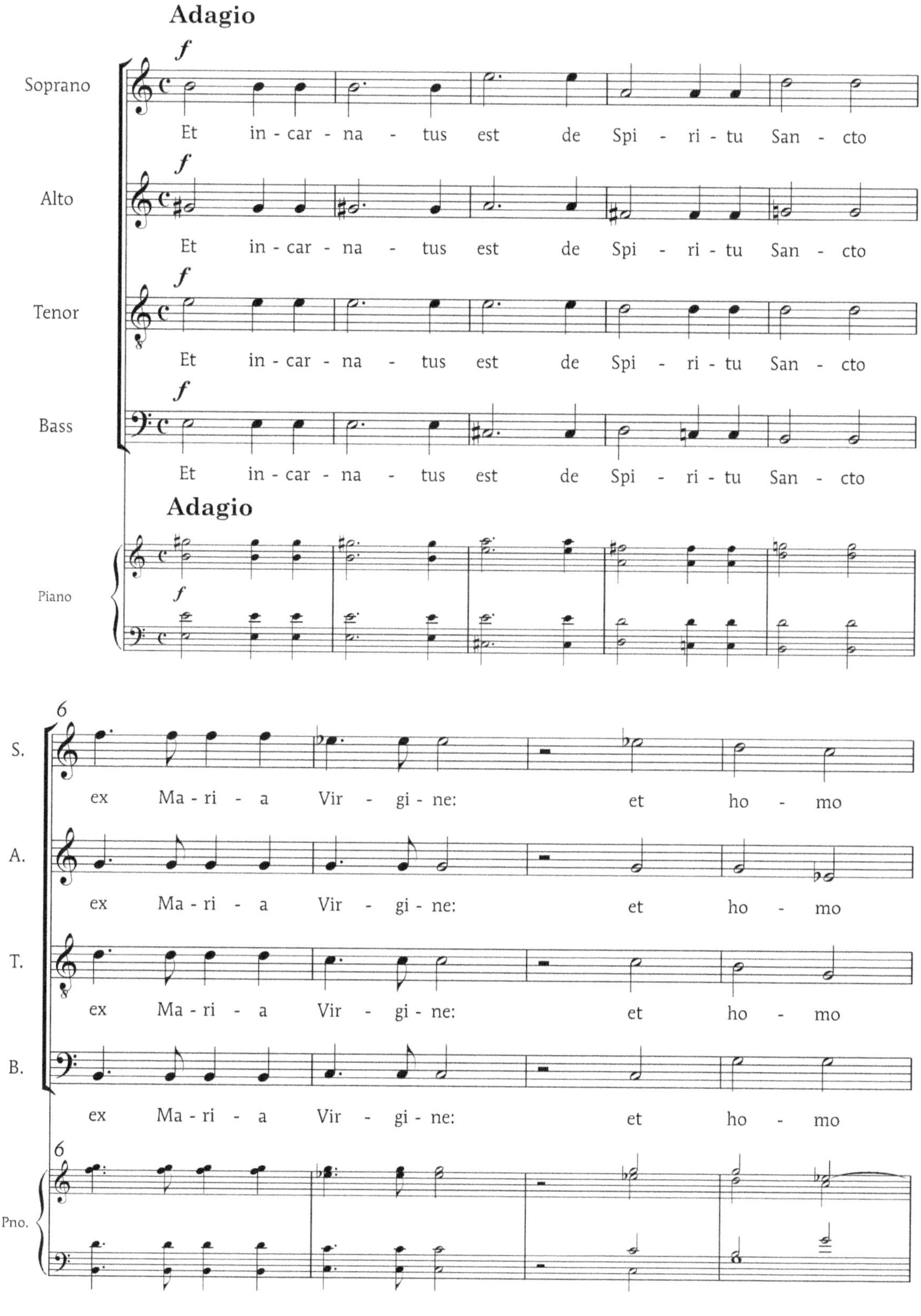

10
S.
fa -
A.
fa -
T.
fa -
B.
fa -
10
Pno.
15
S.
p
- ctus est, et ho - mo - fa - ctus est.
A.
p
- ctus est, et ho - mo - fa - ctus est.
T.
p
- ctus est, et ho - mo - fa - ctus est.
B.
p
- ctus est, et ho - mo - fa - ctus est.
15
Pno.
p

3. Crucifixus

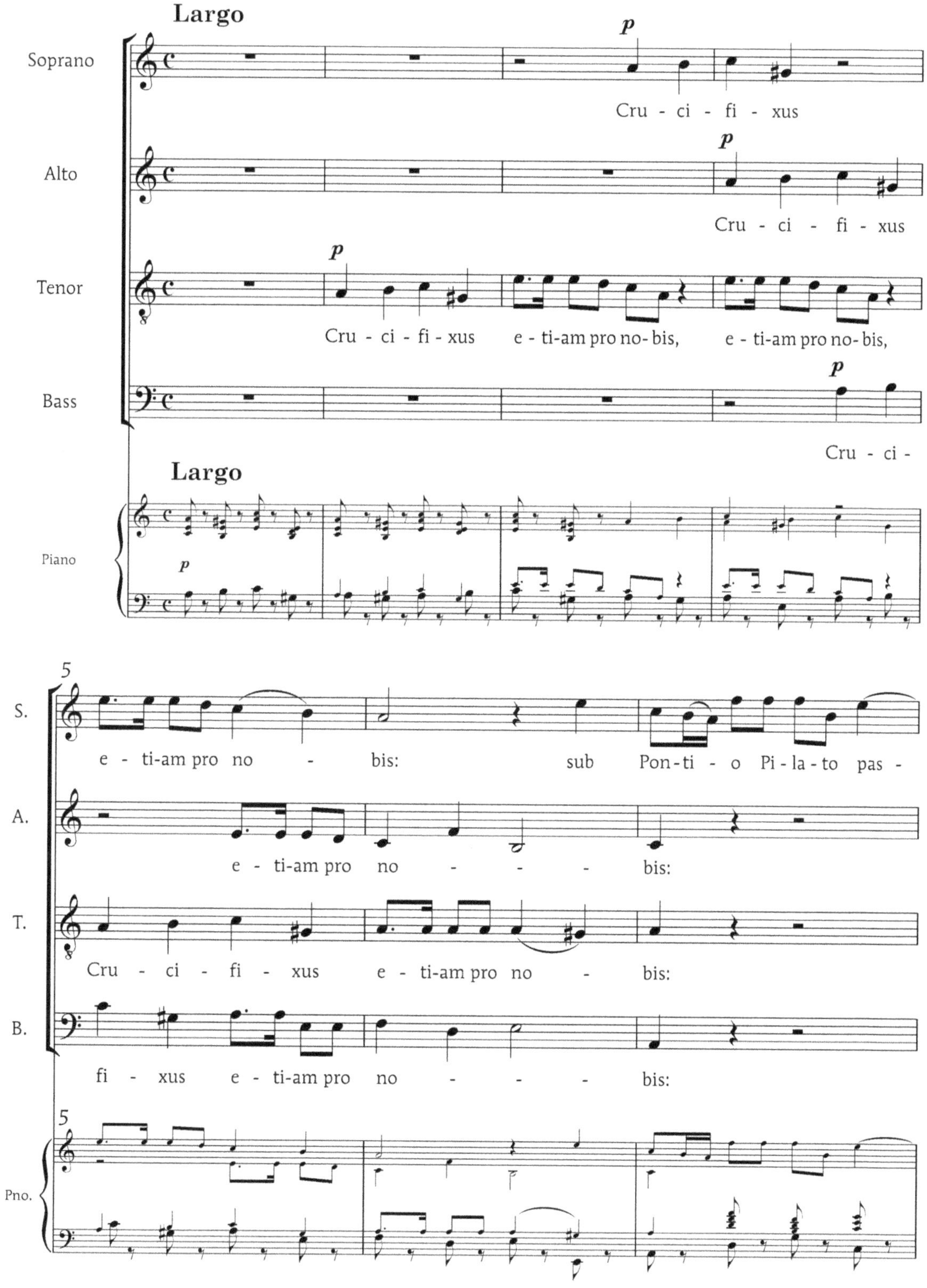

8
S.
-sus, pas - sus et - se - pul - tus est, pas - sus, pas- sus,
A.
pas - sus, pas - sus, pas-sus et se -
T.
pas - sus et se -
B.
pas - sus et se-pul-tus,
Pno.
11
S.
pas - sus et se - pul - tus est. E - ti-am pro no-bis,
A.
pul - tus est, et se - pul - tus est. Cru - ci -
T.
pul - tus est. Cru - ci - fi - xus e - ti-am pro
B.
pas - sus et se - pul - tus est. Cru - ci - fi - xus,
Pno.

14
S.
cru - ci - fi-xus e - ti-am, e - ti-am pro no - bis:
A.
fi - xus, cru - ci - fi - xus e - ti-am pro no - bis:
T.
no-bis, e - ti-am pro no - bis: sub Pon - ti - o Pi - la - to pas-sus,
B.
cru - ci - fi - xus e - ti-am pro no - bis: sub
14
Pno.
17
S.
pas-sus, pas -
A.
T.
pas - - - sus et - se - pul - tus est, pas-sus,
B.
Pon - ti - o Pi - la - to pas - sus et - se - pul-tus est,
17
Pno.

20
S.
sus et - se - pul - tus est, et se - pul - tus est,
A.
pas- sus, pas - - - sus et se - pul - tus est,
T.
pas- sus, pas - sus, pas - sus,
B.
et se - pul - tus et se - pul - tus est, pas -
20
Pno.

23
S.
pas - sus et se - pul - tus est, pas- sus,
A.
pas - sus, pas- sus, pas-sus et se - pul-tus est, pas - - -
T.
pas - sus, pas - sus, pas-sus et se - pul - tus est,
B.
- sus, pas - sus et se - pul - tus est,
23
Pno.

S. pas - - sus, et se - pul-tus,et se-pul tus est, pas- sus, pas -

A. sus, et se - pul-tus, et se - pul - tus, et se-pul tus est,

T. et se-pul-tus, et se-pul - tus est, et

B. pas- sus, pas - - sus et se - pul - tus est, et se-

S. - - sus et se-pul - tus est, et se-pul - tus est.

A. pas - sus, pas-sus et se-pul - tus est, et se - pul - tus est.

T. se - pul - tus, et se - pul - tus est, et se - pul - tus est.

B. pul - tus, et se - pul - tus est, et se - pul - tus est.

4. Et resurrexit

Soprano, Alto, Tenor, Bass (Allegro)

Piano (Allegro) — f

S. — f
Et re - sur - re - xit, re-sur - re - xit, re - sur - re - xit,

A. — f
Et re - sur - re - xit, re-sur - re - xit, re - sur - re - xit,

T. — f
Et re - sur - re - xit, re-sur - re - xit, re - sur - re - xit,

B. — f
Et re - sur - re - xit, re-sur - re - xit, re - sur - re - xit,

Pno.

9
S.
A.
T.
B.
ter - ti - a di - e, se - cun - dum Scri - ptu - ras, se -
Pno.
13
cun - dum Scri-ptu - ras. Et a -
cun - dum Scri - ptu - ras. Et a -

17
S.
scen - dit in cæ - lum, et a - scen - dit in
A.
scen - dit in cæ - lum, et a - scen - dit in
T.
scen - dit in cæ - lum, et a - scen - dit in
B.
scen - dit in cæ - lum, et a - scen - dit in
17
Pno.

21
S.
cæ - lum: se - det ad dex - te - ram, se - det ad
A.
cæ - lum: se - det ad dex - te - ram, se - det ad
T.
cæ - lum: se - det ad dex - te - ram, se - det ad
B.
cæ - lum: se - det ad dex - te - ram, se - det ad
21
Pno.

25
S.
dex te-ram Pa - tris. Et
A.
dex te-ram Pa - tris. Et
T.
dex te-ram Pa - tris. Et
B.
dex te-ram Pa - tris. Et
25
Pno.

29
S.
i - te-rum ven - tu - - rus est cum
A.
i - te-rum ven - tu - - rus est cum
T.
i - te-rum ven - tu - - rus est cum
B.
i - te-rum ven - tu - - rus est cum
29
Pno.

glo - ri - a ju - di - ca - - re vi - vos

et mor - tu - os, ju - di - ca - re, ju - di - ca - re,

41
S.
ju - di - ca - re, ju - di - ca - re, ju - di - ca - re, ju - di - ca - re,
A.
ju - di - ca - re, ju - di - ca - re, ju - di - ca - re, ju - di - ca - re,
T.
ju - di - ca - re, ju - di - ca - re, ju - di - ca - re, ju - di - ca - re,
B.
ju - di - ca - re, ju - di - ca - re, ju - di - ca - re, ju - di - ca - re,
41
Pno.
45
S.
vi - vos et mor - tu - os:
A.
vi - vos et mor - tu - os:
T.
vi - vos et mor - tu - os:
B.
vi - vos et mor - tu - os:
45
Pno.

49
S.
cu - jus re - gni non e - rit fi -
A.
cu - jus re - gni non e - rit fi -
T.
cu - jus re - gni non e - rit fi -
B.
cu - jus re - gni non e - rit fi -
49
Pno.
53
S.
nis. Et in Spi - ri - tum San- ctum,
A.
nis. Et in Spi - ri - tum San- ctum,
T.
nis. Et in Spi - ri - tum San- ctum,
B.
nis. Et in Spi - ri - tum San- ctum,
53
Pno.

57
S.
Do - mi-num, et vi - vi - fi - can - tem: qui ex
A.
Do - mi-num, et vi - vi - fi - can - tem: qui ex
T.
Do - mi-num, et vi - vi - fi - can - tem: qui ex
B.
Do - mi-num, et vi - vi - fi - can - tem: qui ex
57
Pno.
61
S.
Pa - tre Fi - li - o - que pro - ce - dit.
A.
Pa - tre Fi - li - o - que pro - ce - dit.
T.
Pa - tre Fi - li - o - que pro - ce - dit.
B.
Pa - tre Fi - li - o - que pro - ce - dit.
61
Pno.

65
S.
Qui cum Pa - tre, et Fi - li-o si - mul ad-o-
A.
Qui cum Pa - tre, et Fi - li-o si - mul ad-o-
T.
Qui cum Pa - tre, et Fi - li-o si - mul ad-o-
B.
Qui cum Pa - tre, et Fi - li-o si - mul ad-o-
65
Pno.
69
S.
ra - tur et con - glo-ri-fi - ca - tur: qui lo-cu-tus
A.
ra - tur et con - glo-ri-fi - ca - tur: qui lo-cu-tus
T.
ra - tur et con - glo-ri-fi - ca - tur: qui lo-cu-tus
B.
ra - tur et con - glo-ri-fi - ca - tur: qui lo-cu-tus
69
Pno.

73
S.
est per Pro - phe - tas. Et u - nam
A.
est per Pro - phe - tas. Et u - nam
T.
est per Pro - phe - tas. Et u - nam
B.
est per Pro - phe - tas. Et u - nam
73
Pno.
77
S.
san - ctam, san - ctam ca - tho - li - cam et a - po -
A.
san - ctam, san - ctam ca - tho - li - cam et a - po -
T.
san - ctam, san - ctam ca - tho - li - cam et a - po -
B.
san - ctam, san - ctam ca - tho - li - cam et a - po -
77
Pno.

sto - li - cam Ec - cle - si - am. Con -

sto - li - cam Ec - cle - si - am. Con -

sto - li - cam Ec - cle - si - am. Con -

sto - li - cam Ec - cle - si - am. Con -

fi - te - or u - num ba - ptis - ma in re - mis - si -

fi - te - or u - num ba - ptis - ma in re - mis - si -

fi - te - or u - num ba - ptis - ma in re - mis - si -

fi - te - or u - num ba - ptis - ma in re - mis - si -

89
S.
A.
T.
B.
o - nem pec - ca - to - rum. Et ex -
Pno.
93
spe - cto re - sur-re-cti - o - nem, re - sur-re-cti-

97
S.
o - nem mor - tu - o - rum, re - sur-re-cti
A.
o - nem mor - tu - o - rum, re - sur-re-cti
T.
o - nem mor - tu - o - rum, re - sur-re-cti
B.
o - nem mor - tu - o - rum, re - sur-re-cti
97
Pno.

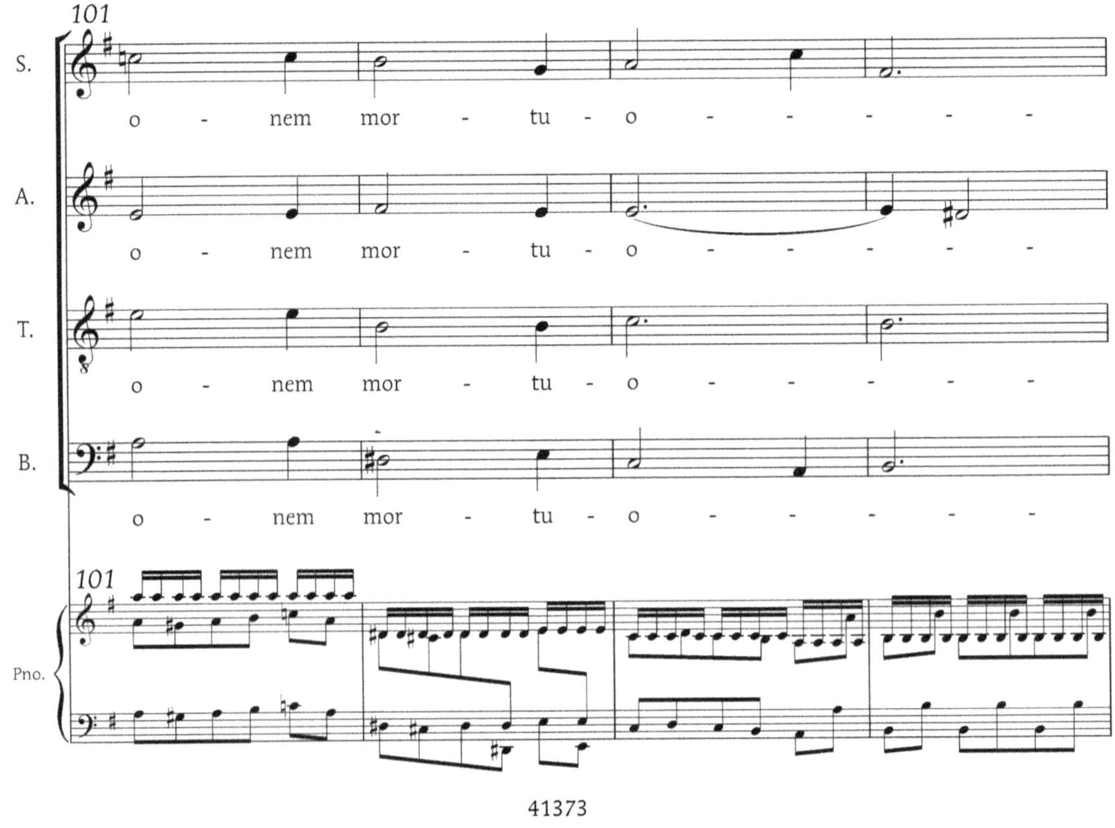
101
S.
o - nem mor - tu - o - - - - - -
A.
o - nem mor - tu - o - - - - - -
T.
o - nem mor - tu - o - - - - - -
B.
o - nem mor - tu - o - - - - - -
101
Pno.

105

S. rum. Et vi - tam ven - tu - ri sæ - cu - li, et

A. rum. A -

T. rum.

B. rum.

Pno. **105**

109

S. vi - tam ven - tu - ri sæ - - - cu - li. A - -

A. - - - - - - men, a -

T.

B.

Pno. **109**

113
S.
men, a - - - men.
A.
men. Et vi - tam ven-tu-ri
T.
A - - - - - - - -
B.
113
Pno.

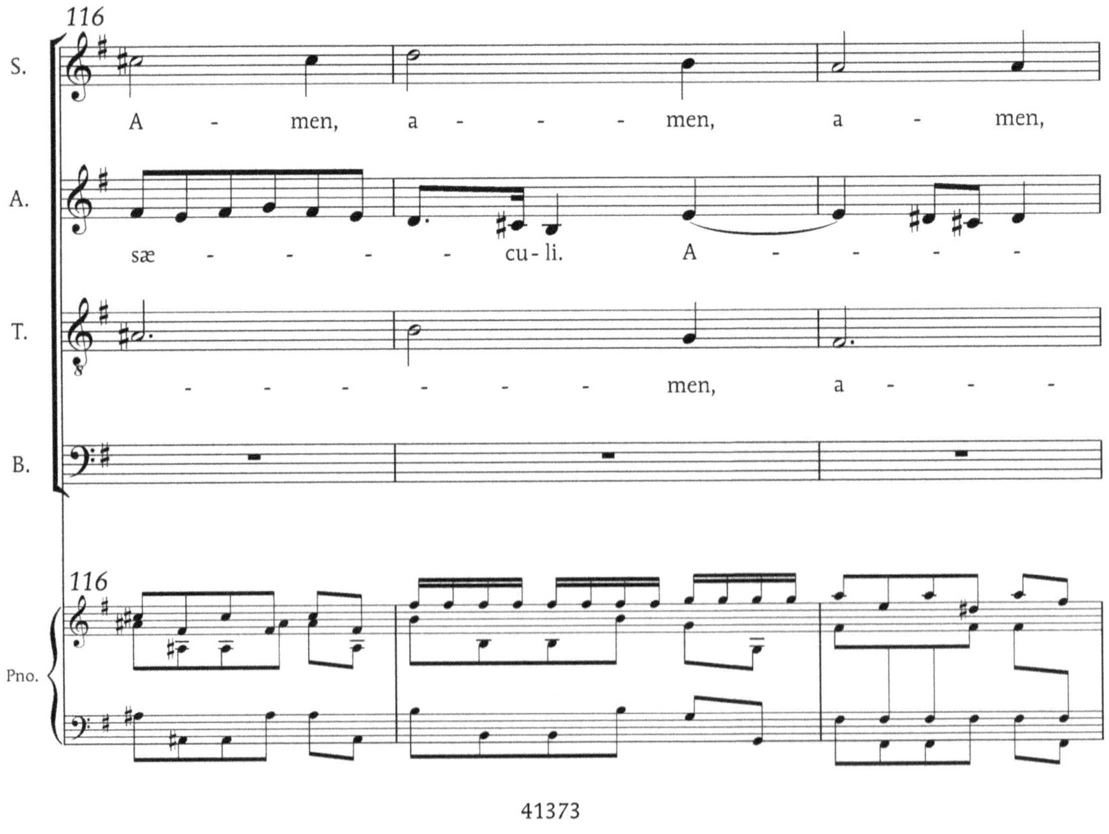
116
S.
A - men, a - - - - men, a - men,
A.
sæ - - - - cu-li. A - - - - -
T.
- - - - - - men, a - - -
B.
116
Pno.

119
S.
a - men.
A - - men,
A.
men.
In
sæ - cu-la sæ-cu-lo - rum,
T.
men.
In
sæ - cu-la sæ-cu-lo - rum, in
B.
A - - - - - - -
119
Pno.
122
S.
a - men, a - - - - - men,
A.
a - men, a - men, a - - men,
T.
sæ - cu-la sæ-cu - lo - rum, a - - - - men,
B.
- - - - men, a - - men,
122
Pno.

126
S.
a - - - - men, a - men,
A.
a - - - - men, a - men,
T.
a - - - - men, a - men,
B.
a - - - - men, a - men,
126
Pno.
130
S.
a - men.
A.
a - men.
T.
a - men.
B.
a - men.
130
Pno.